Michel Dillange

LA CONCIERGERIE

caisse nationale des **monuments historiques** et des **sites**

ÉDITIONS OUEST-FRANCE

La Conciergerie, telle que le public la visite aujourd'hui, ne représente qu'une faible partie de l'ensemble du palais de Justice. C'est, avec la Sainte-Chapelle, le seul élément qui subsiste du premier palais que les rois de France occupèrent à Paris. Mais les adjonctions, les modifications et les restaurations font que bien peu de ses pierres sont véritablement d'origine. Quoi qu'il en soit, les constructions civiles de l'époque gothique sont rares à Paris et la salle des Gens d'Armes, élément principal de la Conciergerie, est un magnifique volume qui nous permet d'imaginer ce que furent, au Moyen Age, les grandes salles d'apparat. Quant à la partie de l'édifice qui a été utilisée comme lieu de détention pendant la Révolution, elle a été profondément transformée au XIXe siècle, principalement sous la Restauration. Beaucoup plus que l'authenticité archéologique, c'est le souvenir des événements historiques que le visiteur vient chercher à la Conciergerie qui, avant d'être une prison fut le centre à la fois de la ville, du royaume et du gouvernement.

La Conciergerie, du palais des rois au palais de Justice

Pendant longtemps, l'île de la Cité a été véritablement le cœur et la citadelle de Paris. La ville s'y renfermait devant la menace des invasions, puis, la paix revenue, repartait à la conquête des rives du fleuve. En amont, s'élevait le cathédrale où tous les Parisiens se regroupaient autour de leur évêque ; en aval, le pouvoir civil avait sa résidence dont les jardins s'ouvraient vers le couchant.

Dans le palais où l'empereur Julien (331-363) fut couronné par ses soldats, la plupart des Mérovingiens séjournèrent souvent. Par la suite, les Carolingiens ayant abandonné la capitale

Première horloge publique de Paris, l'**horloge du palais** a été dotée par Germain Pilon de toutes les grâces de la Renaissance. Si les femmes qui représentent la Loi et la Justice paraissent un peu sèches, les anges de la partie supérieure ont le charme des "putti" italiens.

La cour des femmes. La fontaine dans laquelle les détenues lavaient leur linge est adossée au ▶ pan coupé du bâtiment. Au premier plan, figure la seule table de pierre qui existe encore. A droite, on aperçoit les grilles du côté des Douze, seul endroit ou les "pailleux" pouvaient prendre l'air.

(Charlemagne avait choisi Aix-la-Chapelle), les comtes de Paris qui avaient défendu Paris contre les invasions normandes installèrent dans la Cité le siège de leur pouvoir. Leur descendant, Hugues Capet, devenu roi, rendit à l'édifice sa qualité de palais royal et établit, à côté de ses appartements, les divers services de son administration et, en particulier, le conseil royal : la *Curia Regis*.

Les Capétiens réunirent près d'eux une Cour : des vassaux, auxquels ils faisaient appel à des dates fixées par eux, devaient les assister dans leurs tâches politiques, administratives et judiciaires. Le vassal, s'il refusait ce service, pouvait être privé de son fief.

Peu à peu, cette *Curia Regis* s'organisa : certains proches du roi reçurent des dignités : le sénéchal qui à l'origine dirigeait les domestiques, le bouteiller qui s'occupait du ravitaillement, le chambellan qui prenait soin des vêtements du prince, enfin le connétable auquel revenait le soin des chevaux et des écuries. Pour rédiger des actes royaux et pour y apposer le sceau, on eut recours à un "chancelier". Mais le roi, au moment de prendre une décision, demandait l'avis de qui il voulait.

Au cours du Moyen Age, le service du prince tendit à se distinguer du service de l'Etat. Les fonctions domestiques étaient assurées par les services de l'Hôtel royal ; les charges administrative et judiciaires étaient aux mains du chancelier et du Conseil du roi.

Les bâtiments étaient disparates et en mauvais état ; certains d'entre eux remontaient à l'époque gallo-romaine. Robert le Pieux, le second capétien (996-1031), les embellit et les agrandit ; ainsi, il aurait été à l'origine de la grande salle d'apparat. Plus tard, Louis VI éleva un donjon, pour mettre le palais à l'abri d'un coup de main, et reconstruisit le logis royal auquel son fils, Louis VII, ajouta un oratoire. De son côté, son petit-fils Philippe Auguste étendit le mur d'enceinte. Enfin, la Sainte-Chapelle et les galeries qui permettaient d'y accéder, furent l'œuvre de saint Louis, au milieu du 13e siècle.

Le petit-fils du saint roi, Philippe le Bel devait remodeler entièrement le vieux palais. une série d'expropriations permit au roi d'agrandir son domaine dont les limites nord furent portées à l'emplacement de la façade actuelle, sur le quai de l'Horloge. Les trois tours rondes qui décorent ce dernier sont les seuls témoins de cette extension des fortifications. Les terrains ainsi récupérés permirent de doubler la surface de la grande salle d'apparat, appelée tout simplement la Grand'Salle. Une file de piliers la divisait en deux nefs couvertes de berceaux lambrissés. Les statues de tous le rois qui s'étaient succédé sur le trône de France ornaient les murs et les piliers. A l'une des extrémités se trouvait la Table de Marbre. Symbole royal, elle servait d'estrade aux hérauts d'armes pour les proclamations importantes ; le roi y prenait place, lors des banquets et réceptions officielles, et, dans certaines circonstances, y rendait également la justice. Cette salle, située au premier étage, disparut dans l'incendie de 1618. Elle fut remplacée par la salle des Pas-Perdus du palais de Justice.

En revanche, au niveau inférieur, la salle basse, voûtée de pierre, ne fut pas détruite. C'est l'actuelle salle des Gens d'Armes, un des plus beaux volumes que nous ait laissé l'époque gothique. Vers 1350, Jean le Bon construisit les cuisines et la tour de l'Horloge. Enfin, la salle des Gardes fut élevée à la fin du XIVe siècle. Le palais du Moyen Age était alors achevé. Bien que très restau-

Dans le couloir des prisonniers, entre deux contreforts, on peut voir le **culot** d'une des tourelles en encorbellement qui marquaient les angles extérieurs du bâtiment de la Grand'Salle.

rés au XIXe, tous ses éléments ont été conservés, exception faite du logis royal qui était situé perpendiculairement à la galerie marchande, au-delà de la chapelle des Girondins.

Le 22 février 1358, Etienne Marcel et ses partisans forcent les portes de la chambre royale. Ils assassinent deux des plus proches conseillers du jeune dauphin sous les yeux de ce dernier. Les cadavres sont exposés sur la "pierre de marbre", tandis que le futur Charles V est obligé de coiffer le chaperon bleu et rouge, aux couleurs de Paris. Le roi ne devait pas oublier l'affront fait au dauphin. Lorsqu'il rentra victorieux dans sa capitale, il abandonna sa résidence de la Cité, jugée trop vulnérable, pour s'installer à l'hôtel Saint-Pol et au Louvre qui était alors à la limite de la ville et dont il renforça les défenses. Le vieux palais des Capétiens n'abrita plus désormais que les rouages de l'administration royale.

Sous la juridiction du concierge

La présence du roi amenait dans le palais de la Cité une foule où les courtisans, les clercs, les marchands et les simples curieux se mélangeaient aux serviteurs de tous niveaux. Son départ allait permettre à l'administration royale de s'organiser, de fonctionner avec plus de régularité, mais aussi de montrer des velléités d'indépendance que le souverain réprimera avec plus ou moins de bonheur.

C'est alors qu'un personnage prit une grande importance : le concierge. Il s'agissait en fait non d'un simple gardien mais de l'intendant du palais dont la fonction apparut dès le début du XIIIe siècle. En partant, le roi accrut considérablement les pouvoirs du concierge. Celui-ci avait droit de moyenne et basse justice à l'intérieur de l'enceinte du palais, ainsi que de nombreux autres droits qui lui donnaient des revenus considérables. Aussi, l'emploi était-il recherché et l'on vit même la reine Isabeau de Bavière se le faire attribuer en 1413.

Pour faire face aux multitude besoins de l'Etat, il fallait scinder le Conseil du roi en organismes spécialisés. Pour régler les affaires judiciaires, le conseil se réunit de plus en plus fréquemment en "parlement" qui devint bientôt une assemblée indépendante et permanente. Le roi lui déléguait son pouvoir de justice. Ces assemblées demeurèrent dans l'enceinte de l'ancien palais du roi lorsque celui-ci le quitta.

La Grand'Chambre traitait des causes criminelles, des procès civils importants et des appels. Le roi y tenait lit de justice : il était assis sur un lit surmonté d'un dais, dans un angle, lorsqu'il voulait assister à une séance du parlement, en particulier pour imposer sa volonté aux magistrats. La Chambre des requêtes étudiait les pourvois ; la Chambre des enquêtes instruisait pour la Grand'Chambre et réglait les petites causes. D'autre part, le Grand Conseil, que l'on peut assimiler au Conseil d'Etat, s'occupait des procès et affaires religieuses, politiques ou administratives. Enfin, la Chambre des comptes contrôlait les finances de l'Etat. Elle était assistée de la Chambre des monnaies qui surveillait la qualité du numéraire et

En haut :
Le **concierge**.

En bas :
Dans la **chapelle des Girondins**, les prisonnières assistaient aux offices derrière les grilles de la tribune.

les professions qui y étaient liées comme les changeurs ou les orfèvres. Parallèlement, la Cour des Aides examinait tous les problèmes relatifs aux impôts. Toutes ces juridictions étaient installées dans le palais ; quant à la Chancellerie, elle s'était établie dans le logis même du roi.

En plus des magistrats, le monde de la robe comprenait les avocats. Les plaideurs les rencontraient surtout dans la Grand'Salle. Ils y avaient le siège de leur confrérie, autour d'un autel dédié à leur patron, saint Nicolas. Le chef élu de leur ordre était le dépositaire du bâton de ce saint, d'où son nom de bâtonnier. La plupart d'entre eux avaient leurs pupitres où ils rangeaient leur dossiers, et leurs bancs où ils venaient s'asseoir avec leurs clients. Ce fut en 1459 seulement que le Trésor songea à les taxer, ce qui fut l'objet d'un beau procès. Mais à côté de ces maîtres du barreau qui se faisaient payer fort cher, il existait des défenseurs moins onéreux. Les chroniqueurs les ont montrés hantant les galeries et les escaliers à la recherche d'une cause intéressante. Pour celui qui avait affaire à la justice, le choix était délicat car il s'y trouvait également des escrocs dont la robe d'emprunt pouvait faire illusion.

En même temps, les marchands envahirent le palais. Dès le XIVe siècle, les échoppes se multiplièrent dans la Grand'Salle, les galeries, les cours et même les escaliers. Les premières à s'installer furent les marchandes de frivolités qui proposaient des pièces de velours ou de soie, de la lingerie, des gants et des chapeaux. Puis vinrent les libraires, suivis des orfèvres, des graveurs et des horlogers. Enfin s'ajoutèrent bientôt des marchands de vin, des coiffeurs et même un forgeron qui s'était installé dans une cheminée.

Comme aujourd'hui, toute l'animation du palais se situait au premier étage et la foule bariolée et bruyante semblait oublier qu'en dessous se trouvaient les prisons. Dès le début du XVe siècle elles avaient atteint leur superficie maximum. Très vite, c'est à elles seules que s'appliqua le terme de Conciergerie.

Les incendies du palais

Dans la nuit du 6 au 7 mars 1618, le feu se déclara dans les combles de la Grand'Salle. Certains auteurs de l'époque ont avancé, non sans fondement, l'idée d'un acte criminel destiné à faire disparaître les pièces du procès de Ravaillac. Quoi qu'il en soit, elles brûlèrent effectivement ; malheureusement, avec elles la Grand'Salle et le greffe furent détruits, ainsi que la Chambre des enquêtes et la Chambre des requêtes. La reconstruction fut financée par la vente de terrains vagues le long des fossés de Saint-Germain-des-Prés. Les travaux furent confiés à l'architecte de la reine Marie de Médicis, Salomon de Brosse qui, en particulier, voûta en pierre la nouvelle Grand'Salle.

Par la suite, il faut signaler, en 1630, l'incendie de la charpente de la Sainte-Chapelle et, en 1737, celui de la Cour des Comptes. Mais le sinistre le plus grave eut lieu le 11 janvier 1776. Si la Grand'Salle et la Grand'Chambre furent

En haut :
Le connétable de France tenait ses audiences à la **Table de Marbre**. C'est là que se traitaient également les affaires relevant de l'Amirauté ainsi que celles relatives aux Eaux et Forêts.
En bas :
La tradition veut que le couple qui figure quatre fois sur le couronnement du pilier central de la salle des Gardes représente Héloïse et Abélard.

épargnées, le feu détruisit tous les autres bâtiments, exception faite de la Sainte-Chapelle. Ce fut l'occasion de remodeler complètement le plan général du palais. Trois architectes se partagèrent les travaux : Couture, Desmaisons et Antoine ; ce dernier travailla plus particulièrement à la Conciergerie.

Le terrible incendie de 1776 ravagea le palais de Justice. Au niveau de la prison, beaucoup de locaux étaient vétustes et inadaptés. La reconstruction fut fonc l'occasion, pour Antoine, de restructurer l'ensemble pour le rendre plus fonctionnel. C'est alors que fut démolie la tour Montgomery, l'ancien donjon de Louis VI. Ainsi, ce sont des locaux neufs qui serviront de cadre aux drames de la Terreur. Ce sont ceux-là même dont la plus grande partie est ouverte au public.

Les travaux du XIXe siècle

La Restauration confia, dans la Conciergerie, divers travaux à Peyre que Victor Hugo a dit être « une sorte de maçon... qui avait la fonction d'architecte du palais de Justice et qui l'a mutilé, déshonoré et défiguré comme on peut le voir ! ». Ses interventions ont été effectivement très brutales. La restauration de la salle des Gens d'Armes manque de sensibilité et l'aménagement du cachot de la reine est plus que discutable. On lui doit également l'entresolement du couloir des prisonniers ainsi que les dispositions de l'entrée actuelle. Compte tenu de l'époque, il faut cependant lui trouver des excuses, car ses successeurs seront plus destructeurs que lui.

Un projet général pour le palais avait été conçu dès 1825. Il subit beaucoup de modifications. Enfin, un dossier établi par l'architecte Huyot qui avait travaillé à l'Arc de Triomphe, fut accepté en 1840. Mais son auteur étant mort quelques mois plus tard, tout fut remis en question. On assiste alors à une bataille qui va durer plus de dix ans. D'un côté, Mérimée et la toute nouvelle Commission des monuments historiques qui essayent de sauvegarder les vestiges du passé ; de l'autre, les architectes Duc et Dommey, le premier ayant déclaré que « l'engouement pour le Moyen Age était suranné et ridicule », soutenus par le Conseil général qui estimait de son côté que la Sainte-Chapelle en particulier, ne présentait extérieurement aucun intérêt. Les travaux ne commencèrent qu'en 1853, sous l'Empire, dont le gouvernement imposa sa volonté dans ces querelles esthétiques. Le résultat fut certainement malheureux, du moins pour l'archéologie, mais le fonctionnement de la Justice en fut certainement amélioré.

Le second Empire ajouta son empreinte en apportant de l'ordre dans la façade dont le disparate n'était pourtant pas sans charme. Mais, lors de la Commune, le 24 mai 1871, un terrible incendie détruisit la plus grande partie du palais, ne laissant pratiquement que les murs. Ainsi disparurent les salles de la Cour de Cassation, de la Cour d'appel, du tribunal de première instance, et, en particulier la Grand'Chambre qui venait d'être restaurée. Brûlèrent également les services de l'état civil, ceux des archives et du greffe, ainsi que les bureaux du parquet et de l'instruction. Enfin, plusieurs travées des voûtes de la salle des Pas-Perdus s'écroulèrent. Son isolement sauva la Sainte-Chapelle que les incendiaires n'avaient pas eu le temps d'arroser de pétrole ; quant à la Conciergerie et au Dépôt voisin, ils furent préservés du feu par la rupture d'un réservoir qui les inonda. Toutes ces destructions permirent aux architectes d'effectuer des restaurations plus radicales qu'il n'était prévu à l'origine, en particulier, en ce qui concernait les décors intérieurs.

La Conciergerie, une prison dans l'Histoire

La présence d'une prison dans le palais est très ancienne. Tout d'abord, il y eut les prévenus relevant de la juridiction du Concierge. Puis, lorsque le roi eut abandonné les lieux, le nombre des cellules fut étendu. La prison du Chatelet n'était pas loin, mais l'incarcération dans le palais même offrait de nombreux avantages. En effet, les risques d'évasion étaient moindres ; de plus, la proximité des juges facilitait l'instruction et surtout l'application de la "question".

La plupart des grands procès eurent lieu dans le palais de la Cité et, de fait, tous les condamnés célèbres connurent les cachots de la Conciergerie. Pratiquement, c'est l'histoire de la Justice en France qui s'est déroulée tout entière en ces lieux. Parmi les premiers, il faut citer Enguerrand de Marigny. Le chambellan et financier de Philippe le Bel avait fait construire la Grand'Salle ; il y avait même sa statue. Incarcéré à la mort de son protecteur, il fut jugé et ne quitta la Conciergerie que pour le gibet de Montfaucon. Philippe de Commines et Olivier le Daim, les favoris de Louis XI, n'échappèrent pas à la rancune des adversaires du roi, après la disparition de ce dernier. Si le premier sauva sa tête, le second fut pendu. A l'occasion d'une des émeutes qui ensanglantèrent la capitale durant la guerre de Cent Ans, les Cabochiens envahirent la Conciergerie et massacrèrent tous les détenus ; ce fut une sorte de préfiguration des massacres de Septembre.

Il y eut également de nombreux détenus pour fait de religion. Parmi eux, le comte de Montgomery qui avait eu la malchance de tuer Henri II, lors d'un tournoi en 1559. Ayant rallié le parti de la Réforme, il prit les armes contre le roi. Il fut capturé et enfermé dans une pièce du donjon du palais, qui porta son nom désormais. Catherine de Médicis poursuivait de sa haine celui qui l'avait rendue veuve. Elle le fit condamner et décapiter en 1574.

La Conciergerie reçut aussi plusieurs régicides. Tout d'abord, il y eut Jean Chastel qui, le 25 décembre 1594, blessa Henri IV. Les jésuites furent accusés d'avoir été à l'origine de l'attentat. Ils furent expulsés du royaume et le coupable exécuté. Sa maison, située près du palais, fut rasée et un monument expiatoire fut élevé à son emplacement. Le 14 mai 1610, Ravaillac réussissait là où Chastel avait échoué. Arrêté aussitôt, il resta dix jours dans la tour de César. Une fois jugé, on lui fit subir la question pour qu'il dénonçât ses complices. Mais il s'évanouit au troisième coin. Il fut alors ranimé puis savamment torturé avant d'être écartelé à quatre chevaux. Son exécution servit de modèle à celle de Damiens, qui le 5 janvier 1757, avait blessé le roi Louis XV à Versailles.

Auparavant, en 1676, la marquise de Brinvilliers avait été écrouée pour avoir empoisonné en particulier son père et ses deux frères. Son authentique noblesse de robe lui valut de comparaître devant les chambres réunies. Elle n'en fut pas moins condamnée et décapitée, après avoir subi la question de l'eau.

En 1721, Cartouche, qui avait terrorisé Paris et défié la police jusqu'à paraître à l'Opéra, fut condamné à être roué à vif. Ce redoutable chef de bande s'était tu sous la torture ; mais, arrivé place de Grève, voyant que ses hommes, contrairement à leur promesse, ne faisaient rien pour le délivrer, il les dénonça tous avant de mourir avec courage.

Enfin, il ne faut pas oublier la comtesse de la Motte. L'héroïne de l'Affaire du collier fut condamnée à l'issue d'un procès qui fit scandale. Elle fut fouettée et marquée au fer dans la cour du palais.

La Conciergerie pendant la Révolution

La Révolution française utilisa naturellement la Conciergerie lorsqu'elle voulut punir ses ennemis, ou tous ceux qu'elle suspectait de l'être.

Bien que les inculpés de droit commun aient été emprisonnés ailleurs, le nombre d'arrestations était si grand que les gardiens ne savaient comment loger tout le monde. Aussi les inégalités étaient-elles grandes entre le régime des pailleux et celui de privilégiés qui pouvaient acheter de menus avantages. La vie à la Conciergerie paraîtrait bien étrange, actuellement. Le jour chacun pouvait circuler à sa guise à l'intérieur de la prison. Il y régnait une atmosphère à la fois dramatique et frivole. Pour ces gens qui se savaient voués à l'échafaud, le courage se manifestait par une insouciance un peu forcée ou une légèreté distinguée. Les aristocrates, en particulier, menaient une existence galante et raffinée, comme si la proximité de la mort les rendait plus sensibles aux plaisirs de la vie. L'événement de la journée était le "journal du soir". C'était le moment où un gendarme faisait l'appel de ceux qui monteraient le lendemain au tribunal, c'est-à-dire à une condamnation certaine. Ensuite, chacun regagnait sa cellule.

Le Tribunal révolutionnaire siégeait dans l'ancienne Grand'Chambre. Le plafond avait été refait et des tentures avaient remplacé les tapisseries armoriées. Constitué le 10 mars 1793, sur la proposition de Danton, il fonctionna du 6 avril suivant au 31 mai 1795. Le jury était composé de douze membres et le président Dumas était logé sur place. Ses décisions prises en public étaient sans appel et ne pouvaient être cassées. L'instruction et la réquisition étaient établies par l'accusateur public, Fouquier-Tinville, assisté de deux substituts, dont le bureau se trouvait dans une des tours. La condamnation était pratiquement acquise d'avance : la suppression des témoins et des avocats, la primauté de preuves morales sur les preuves matérielles faisaient des jugements de simples formalités.

Les condamnés ne revenaient pas dans leurs cachots. En attendant l'heure de l'exécution, ils étaient enfermés près du greffe. Avant le départ, ils passaient à la salle de la "toilette". Ils y étaient débarrassés de tous leurs objets précieux qui devenaient la propriété de la Nation. Ensuite, les aides du bourreau leur liaient les mains, leur coupaient les cheveux et échancraient les cols de chemise. Enfin, les condamnés se retrouvaient dans la cour du Mai. Ils montaient dans les charrettes, sous les injures des curieux, et le triste convoi partait vers son destin.

« Mettre la terreur à l'ordre du jour »

Telle était la demande que firent les sections à la Convention, le 5 septembre 1793. Pourtant le Tribunal révolutionnaire remplissait bien son office depuis cinq mois. De la foule de condamnés des noms émergent comme celui de Charlotte Corday qui avait assassiné Marat le 13 juillet, ou des images comme le fameux banquet funèbre des Girondins. Ceux-ci avaient passé, dit-on,

---

Cette partie du couloir des prisonniers faisait fonction d'**infirmerie**. Située entre la cour des Femmes et celle des hommes, elle fut entresolée au début du XIXe siècle, lors de travaux de rénovation de l'architecte Peyre.

La **tour de l'Horloge** et les **trois tours rondes** du quai de l'Horloge. ▶

leur dernière nuit à boire et à chanter dans la chapelle de la prison qui, dès lors, porte leur nom. Une gravure a immortalisé la fin du repas, lorsqu'un commissaire vient faire l'appel des condamnés. Toutefois, il semble bien que cette histoire ne soit qu'une légende.

Une reine de France à la Conciergerie

La Convention avait songé à se servir de la reine comme d'un moyen d'obtenir une cessation honorable des hostilités. Pour cela, il fallait qu'elle parût menacée et le transfert très officiel de la prisonnière du donjon du Temple à la Conciergerie laissait prévoir une condamnation prochaine.

C'est vers trois heures du matin, le 2 août 1793, que Marie-Antoinette arriva dans sa nouvelle prison. Elle fut installée dans un cachot qui se trouvait à gauche en sortant du greffe. Les avis diffèrent quant à l'emplacement exact de cette cellule. Il semble que celle-ci aurait été une pièce qui, jusqu'alors, était réservée aux gardiens. La proximité du poste de garde la rendait plus facile à surveiller. De plus, deux gendarmes se trouvaient en permanence avec la reine dont ils n'étaient séparés que par un paravent.

Les journées étaient tristes et monotones. Levée tôt le matin, Marie-Antoinette revêtait soit un déshabillé blanc, soit une robe noire, les seuls vêtements qui lui avaient été laissés. Les repas, d'ailleurs convenables, étaient sa seule distraction. Le reste du temps se passait à prier ou à lire les quelques ouvrages que lui prêtait le concierge. Mais le plus souvent, elle restait assise, immobile, l'œil dans le vague, à jouer machinalement avec son alliance ou à suivre distraitement les interminables parties de cartes de ses deux gardiens.

Malgré cette surveillance rigoureuse, une tentative d'évasion fut organisée par un certain marquis de Rougeville, faux aristocrate peut-être mais sûrement royaliste courageux. Celui-ci réussit à pénétrer dans la cellule, par l'intermédiaire d'un administrateur des prisons, et à glisser un billet caché dans un œillet à la reine. Cette dernière répondit en écrivant avec une épingle un message dont le fac-similé est exposé dans une vitrine de la chapelle. L'histoire a été racontée par Alexandre Dumas dans son roman "Le Chevalier de Maison-Rouge". Mais le talent de l'auteur était tel qu'aujourd'hui encore nul ne peut distinguer exactement ce qui s'est passé réellement de ce que Dumas a inventé. Quoi qu'il en soit, le complot fut découvert, le 3 septembre. Rougeville échappa aux poursuites, mais son complice involontaire fut arrêté ainsi que les concierges.

C'est au moment de cette évasion manquée que le Comité de Salut Public, voyant que l'Autriche se désintéressait du sort de la reine, décidait la condamnation de celle-ci. Le 14 septembre, Marie-Antoinette était transférée dans un local qui servait de pharmacie à l'infirmerie et qui avait été aménagé spécialement. La pièce primitive était de plan carré. Une cloison partielle la divisa en deux. D'un côté, se tenaient les gendarmes, de l'autre se trouvait la reine. Aucune porte ne séparait les deux parties ; seul un paravent bas permettait un semblant d'intimité. Le lit était placé devant l'entrée actuelle qui était alors murée. Ainsi nul ne pouvait accéder auprès de la prisonnière sans passer

Les **cuisines** présentent une disposition tout à fait traditionnelle au Moyen Age, mais leurs dimensions sont royales. Chacune des quatre cheminées avait une affectation particulière : consommés, volailles, viandes, etc... et ses cuisiniers propres.

devant les gendarmes. La vie était plus pénible dans ce second cachot, non pas à cause de la dureté des gardiens, mais plutôt parce que ces derniers craignaient une évasion dont ils auraient été tenus pour responsables.

L'instruction dura un mois et le procès lui-même vingt heures. Le récit en est trop connu pour qu'il en soit fait mention ici. Il était quatre heures du matin lorsque la condamnée regagna sa cellule. Elle se reposa quelques heures, puis s'habilla très soigneusement. A onze heures, elle quittait la Conciergerie. Assise dans la charrette, les mains liées dans le dos, le regard lointain, Marie-Antoinette paraissait indifférente à son sort. C'est ainsi que le peintre David la vit alors ; un encombrement avait bloqué le convoi. En quelques minutes, il fit un émouvant portrait de la reine depuis un balcon de la rue Saint-Honoré. A midi un quart, le 16 octobre 1793, tout était terminé.

Au mois de septembre, la loi des Suspects avait été votée. Elle permettait d'arrêter n'importe qui sur un écrit ou un propos. Elle visait tous les ennemis de la République, au sens le plus large du terme : les fédéralistes, les chouans, les prêtres, mais aussi les fraudeurs et les spéculateurs. Désormais la Terreur était bien installée. Philippe-Egalité est exécuté le 6 novembre, Madame Roland le 10 et le maire de Paris, Bailly le 11. Ainsi, montent pêle-mêle à l'échaufaud des députés, des ministres, des aristocrates, des prêtres, des généraux vaincus. Enfin, le 8 décembre, Madame Du Barry est guillotinée à son tour.

Au début de l'année 1794, Robespierre renforce son pouvoir et élimine les opposants. Le 24 mars, il fait exécuter Hébert et les Enragés, puis le 5 avril Danton et les Indulgents. Le 10 juin, la loi de Prairial supprime les formalités et accélère la procédure. Désormais, la condamnation intervient sur simple constat d'identité. Ainsi disparaissent le savant Lavoisier, Malesherbes, le défenseur de Louis XVI, le général de Beauharnais, le poète André Chénier et beaucoup d'autres. Cependant, les Montagnards triomphants se voient environnés de conspirateurs. Ainsi, Cécile Renaud, une toute jeune fille, est accusée d'avoir monté un complot contre Robespierre. Elle est envoyée à la guillotine avec une cinquantaine de "complices" qu'elle ne connaissait même pas.

Tous ces excès provoquèrent une réaction. Le 27 juillet (9 Thermidor) l'Incorruptible est renversé. Après son arrestation, Robespierre blessé passa quelques heures dans le cachot voisin de celui de Marie-Antoinette avant de partir pour l'échafaud. La loi de Prairial fut abolie, mais la réaction thermidorienne prononça encore de nombreuses condamnations. La Terreur ne pouvait s'achever que par l'exécution de Fouquier-Tinville, le 7 mai 1795. Le 31 mai, le Tribunal révolutionnaire était enfin supprimé. En 785 jours, 2 278 personnes avaient été envoyées à la mort.

La Conciergerie du premier au second Empire

Une fois la Terreur et ses drames terminés, la Conciergerie n'en resta pas moins la prison par excellence dans laquelle furent enfermés tous les prévenus importants. Sous le premier Empire, nombreux furent les opposants qui connurent ses cachots. Le plus célèbre fut sans doute Georges Cadoudal, royaliste fervent et conspirateur irréductible, qui fut exécuté le 25 juin 1804.

Sous la Restauration, la Terreur blanche eut également ses victimes qui furent incarcérées à la Conciergerie. Il y eut, en particulier, le maréchal Ney. Celui-ci avait juré de ramener, dans une cage de fer, Napoléon de retour de l'île d'Elbe. Mais, face à l'empereur, il s'était rallié à lui. Après Waterloo, le maréchal fut arrêté. Il passa plusieurs mois à la Conciergerie, durant lesquels sa seule distraction était de jouer de la flûte. Condamné à mort par les pairs qui avaient eu trop peur pour lui pardonner, il fut fusillé le 7 décembre 1815. Les généraux Mouton-Duvernet et de Labédoyère subirent le même sort. L'histoire a retenu surtout l'évasion du comte de La Valette. Celui-ci, directeur des postes sous l'Empire, avait été lui aussi condamné à la peine de mort. La veille de l'exécution, il réussit à sortir enveloppé dans le manteau de sa femme qui avait été admise à le voir une dernière fois. Malheureusement, la comtesse ne put supporter son incarcération et elle avait perdu la raison lorsque son mari fut gracié quinze ans plus tard.

Par la suite, Louvel, l'assassin du duc de Berry, le neveu de Louis XVIII, fut emprisonné à la Conciergerie, en 1820, avant d'être guillotiné. Deux ans après ce fut le tour des quatre sergents de La Rochelle : Bories, Goubin, Pommier et Raoulx. Ces jeunes *carbonari* (on appelait ainsi les conspirateurs de la Restauration, ils imitaient des associations secrètes italiennes qui se regroupaient dans les bois, comme les "charbonniers") furent les malheureuses victimes d'une conspiration qui paraîtrait peu dangereuse aujourd'hui. Il y eut Fieschi, auteur d'un attentat contre Napoléon III, qui fut exécuté avec ses complices Pépin et Morey. En 1840, le prince Louis-Napoléon, après la tentative de Boulogne, fut enfermé dans l'une des tours. Est-ce pour cela que, devenu empereur, il s'intéressa à la rénovation de la Conciergerie ? Il ne faut pas oublier le comte Orsini qui, le 14 janvier 1858, avait lancé plusieurs bombes sur la voiture de Napoléon III, faisant douze morts et de nombreux blessés. Il fut guillotiné le 13 mars suivant. Enfin beaucoup de socialistes et de républicains occupèrent les cellules de la Conciergerie et, parmi eux, il y eut en particulier Blanqui qui fut le prisonnier de tous régimes, y compris de la République.

Visite de la Conciergerie

La première horloge publique de Paris

A l'angle du boulevard du Palais, vers le Châtelet, se dresse une tour de plan rectangulaire que le XIXe siècle a pourvu d'un couronnement moyenâgeux. Sur sa face orientale, se trouve une horloge, la première élevée à Paris, d'où son nom. La tradition en attribue la création à Charles V. L'horloge actuelle est une magnifique œuvre d'art qui est l'œuvre du sculpteur Germain Pilon. Elle a été réalisée en 1585. Le cadran colorié est encadré des allégories de la Loi et de la Justice. Au-dessous est peint le distique suivant :
« *Machina quae bis sex tam juste dividit horas,*
Justiciam servare monet legesque tueri ».
Cette machine qui divise les heures très exactement en deux fois six, engage à observer la Justice et à servir les Lois.

Et, au-dessus, cet autre :
« *Qui dedit ante duas triplicem dabit ille coronam* ».
Celui-là lui donnera une troisième couronne, qui en a déjà donné deux. Ce qui signifie que Dieu donnera une couronne au ciel au roi Henri III qui fut d'abord roi de Pologne, puis roi de France.

Sur le fronton qui surmonte cette dernière inscription, deux anges soutiennent les armoiries d'Henri III et de sa

mère, Catherine de Médicis, entourées du cordon de l'ordre du Saint-Esprit. L'ensemble se développe sur un fond bleu parsemé de fleurs de lys d'or. Il est protégé par un auvent recouvert de feuilles de cuivre estampées. Cet ouvrage élégant a été reconstruit en 1852 à l'occasion de la restauration de l'horloge qui avait été endommagée lors du martelage des emblèmes royaux en 1793 par les révolutionnaires.

Après la tour de l'Horloge, en suivant le quai, s'élèvent deux tours jumelles entre lesquelles se trouvait autrefois l'entrée de la Conciergerie, la tour de César et la tour d'Argent. L'origine de ces appellations, d'ailleurs récentes, est inconnue, de plus, suivant les auteurs, elles s'appliquent indifféremment à l'une ou à l'autre.

En revanche, il y a fort longtemps que la dernière tour porte le nom de Bonbec. Elle le doit au fait qu'elle contenait la salle où était appliquée la "question". Cela faisait partie de l'appareil judiciaire et la torture était reconnue comme nécessaire pour obtenir les aveux d'un suspect. D'autre part, les juges pensaient qu'un condamné, même s'il avait reconnu son crime, avait toujours quelque chose de plus à avouer. En général, il y avait deux sortes de questions. Tout d'abord, celle de l'eau consistait à faire boire aux patients environ quatre litres pour la question ordinaire et le double pour la question extraordinaire. Par ailleurs, les brodequins, pièces de bois qui broyaient progressivement les jambes, appliqués dans les cas graves, comportaient également deux degrés de quatre et huit coins. Les véritables supplices étaient réservés aux parricides et aux régicides qui leur étaient assimilés.

La salle des Gardes

Construite à la fin du XIVe siècle, la salle des Gardes servait d'antichambre à la Grand'Salle. A l'origine, l'entrée se trouvait entre les deux tours de César et d'Argent. Depuis 1864, l'accès se fait latéralement en passant par une petite courette. Après avoir franchi le guichet et descendu quelques marches, le visiteur découvre cette première salle. Trois piliers divisent le volume en deux files de quatre travées voûtées d'ogives. Les arcs sont épais et l'ensemble paraît massif et froid ; il semble que les restaurateurs du XIXe siècle soient responsables de cette lourdeur un peu décevante. La décoration manque de variété ; parmi les feuillages traités d'une manière un peu sèche, des animaux et des têtes humaines apportent un peu de fantaisie. En revanche, le pilier central présente quatre bas-reliefs qui figurent, dit-on, l'histoire d'Héloïse et d'Abélard. Le caractère réaliste d'une de ces scènes a fait que la plupart des auteurs ont passé sous silence ces sculptures qui sont pourtant les seuls éléments historiés de la Conciergerie. L'iconographie est curieuse et leur présence en ce lieu peut surprendre. Mais Victor Hugo les a décrites lors d'une visite faite en 1846 et, de ce fait, l'origine ancienne de cette représentation ne semble pas faire de doute.

Au-dessus de cette salle et communiquant avec elle par un escalier à vis, se trouvait la Grand'Chambre. Elle fut longtemps appelée la Chambre dorée en raison de la décoration de son plafond de bois à clefs pendantes. Cette salle, souvent restaurée, fut le témoin de tous les grands procès de notre histoire, en particulier, c'est là que siégea le tribunal révolutionnaire.

Le couloir des prisonniers.

La plus belle salle gothique de Paris

La visite se poursuit par la salle des Gens d'Armes. Celle-ci est un vaste volume réalisé de 1302 à 1312 par Enguerrand de Marigny. La grande salle de réception de l'étage comportait deux nefs séparées par une série de piliers. La salle inférieure présente les mêmes dispositions ; seulement, en plus des piles centrales, des files de colonnes recoupent les espaces latéraux. L'ensemble se compose donc de quatre nefs de neuf travées. Plusieurs modifications ont affecté l'état primitif. Tout d'abord, seuls les piliers des extrémités Est et Ouest ont conservé leurs dispositions premières. Les autres ont été renforcées sur trois côtés. Cela tient à ce que les piles de la salle haute n'étaient pas implantées exactement au-dessus de celles de la salle basse. Cette "erreur", due au fait que les deux nefs avaient été construites successivement, n'avait fait courir aucun risque au bâtiment, tant que la Grand'Salle avait été couverte d'un berceau de bois. Après 1618, le poids des voûtes de pierre, élevées par Salomon de Brosse suivant les mêmes axes, rendait la stabilité moins assurée. Au cours des années, il en est résulté des tassements et des fissurations. En 1812, une des voûtes de la salle des Gens d'Armes s'effondra. L'architecte Peyre établit alors les dispositions actuelles. Son intervention a été très importante. En effet, environ la moitié des chapiteaux à feuillages du XIVe ont été remplacés par des corbeilles nues. Il est vrai que bon nombre d'entre eux avaient été endommagés par la construction de divers cloisonnements dans la partie Est de la salle, à des époques indéterminées. La qualité des sculptures restantes fait regretter cette disparition.

Par ailleurs, dans l'angle nord-est, une série de colonnes s'intercale entre les supports principaux, tandis que d'autres recoupent la moitié de la nef nord. Elles supportent le lourd escalier de pierre qui, depuis la salle des Pas-Perdus, mène au tribunal de première instance. Au même endroit, se trouve un escalier à vis qui permet d'accéder au niveau supérieur. Mais cette élégante construction n'est qu'une reconstitution du XIXe siècle. Jusqu'à ce que soient élevés les différents bâtiments qui l'enserrent aujourd'hui, la salle des Gens d'Armes était largement éclairée par de nombreuses fenêtres. Dans ce magnifique volume, chauffé par quatre cheminées, il faut imaginer tout un peuple de serviteurs et de soldats.

Plus tard, les quatre travées ouest furent isolées par une grille, afin de les intégrer dans la surface réservée aux prisons. Leur ensemble fut appelé "la rue de Paris" sous la Révolution. Quant au reste de la salle, contrairement à ce que l'on croit généralement, il n'abrita jamais aucun prisonnier. Il servait de passage entre la cour du Mai et la cour des Magasins, actuellement cour d'entrée de la Conciergerie. Les magistrats pouvaient ainsi accéder au tribunal ou à leurs bureaux sans traverser les parties publiques.

Il faut signaler, sur le mur sud, un important fragment de la Table de Marbre, retrouvé en 1874. De couleur noire, elle a été réalisée au XVIIe siècle pour remplacer celle qui avait disparu dans l'incendie de 1618. Sur un semis de fleurs de lys, les armes de France et de Navarre, entourées des colliers des ordres de Saint-Michel et du Saint-Esprit, surmontent l'inscription suivante : « Connestablie mareschaussée de France au siège général de la Table de Marbre du palais ».

Dans le mur sud de la salle des Gens d'armes, on peut voir la trace des fenêtres qui existaient avant la construction du greffe. Au second plan, se trouve une des quatre cheminées gothiques.

Comme la Grand'Salle qu'elles accompagnent, les cuisines comprenaient deux étages superposées. De nos jours, seul le niveau inférieur subsiste. Neuf colonnes soutiennent des voûtes d'ogives aux nervures simples. Suivant des dispositions habituelles au Moyen Age, chaque angle du plan carré est occupé par une vaste cheminée dont le manteau conique présente la particularité d'être réuni à la colonne la plus voisine par un petit arc-boutant. Pièce de service, sa décoration est pratiquement inexistante. Abandonnées lors du départ du roi, les cuisines servirent, au XIXe, de "souricière" pour les prévenus, incarcérés ailleurs, qui étaient appelés devant le tribunal correctionnel ou le juge d'instruction.

Les cachots de la Révolution

L'entrée de la Conciergerie se faisait sous la Révolution par la cour d'honneur (appelée cour du Mai en raison de l'arbre qu'on y plantait chaque année le premier jour de ce mois), à la droite du grand escalier. La buvette du palais occupe aujourd'hui la place du greffe. On entrait dans celui-ci par la double porte d'un guichet. Une fois les formalités accomplies, le prévenu pénétrait dans le couloir des prisonniers par la porte grillée aujourd'hui murée. Ce couloir était l'axe de la prison. Il longeait la salle des Gens d'Armes dont les larges contreforts déterminaient quelques cachots obscurs réservés aux condamnés à mort. C'est une galerie assez haute, dont les voûtes d'arêtes sont séparées par des doubleaux très plats. Elle n'a été entresolée qu'au début du XIXe siècle. A gauche en entrant, se trouvent la salle de la toilette et, au fond, l'accès au greffe dont la porte est murée. En face, deux fenêtres et une porte s'ouvrent sur la cour des femmes. A droite, derrière une grille, le couloir se poursuit sur trois travées qui correspondent à l'ancienne infirmerie. Au XVIIIe siècle, il continuait au-delà du mur du fond pour desservir la partie réservée aux hommes. De cet endroit, en se retournant, on peut voir entre les contreforts du XIVe, incorporés aux murs postérieurs, le magnifique culot conique de la tourelle qui marquait l'angle extérieur sud-ouest de la Grand'Salle ; tourelle dont le toit pointu est bien visible sur les reproductions anciennes du palais.

Si le suspect était un homme, il était conduit à droite vers la rue de Paris. Le nom de celle-ci venait du fait que ceux qui passaient là étaient promis au bourreau "Monsieur de Paris". Ses quatre travées étaient séparées du reste de la salle des Gens d'Armes par un mur et elles étaient divisées, en une quantité de cachots minuscules, sans lumière et sans air. La salle des Gardes qui lui faisait suite était partagée de la même manière. Ces deux salles communiquaient avec la cour des hommes, dite également le Grand Préau, autour de laquelle se développaient d'autres cellules. Celles des côté nord et ouest étaient les plus agréables ou plutôt les moins éprouvantes. Elles étaient réservées à ceux qui avaient les moyens de les payer : les "pistoliers". La promiscuité y était moindre et la literie changée plus souvent. Certains privilégiés achetaient fort cher le droit d'être seuls. Quant aux plus démunis, les "pailleux", ils étaient relégués dans la rue de Paris.

Si c'était une femme qui était incarcérée, elle était dirigée vers la petite cour des femmes, elle aussi entourée de cellules dont le confort variait suivant les

Derrière l'autel de la Chapelle des Girondins, le mur a été percé pour donner un accès diret à la cellule de Marie-Antoinette.

La salle des Gens d'armes est la plus belle salle gothique de Paris. Elle mesure 64 m de long, 27,5 m de large et 8,5 m de haut. Lorsqu'elle est illuminée, elle forme un ensemble exceptionnellement digne des réceptions de prestige qui s'y tiennent souvent. ▶

possibilités pécuniaires des unes et des autres. Cette cour est aujourd'hui ombragée par un figuier magnifique qui, bien sûr, n'existait pas alors. On y voit la fontaine où les détenues lavaient leur linge ainsi que l'une des tables de pierre sur lesquelles elles pouvaient manger. Dans un angle, près du greffe, se trouve un petit enclos triangulaire, le "côté des Douze", qui était réservé aux pailleux de la rue de Paris.

Le cachot de Marie-Antoinette

Une petite porte basse donne accès au cachot de Marie-Antoinette que la Restauration a transformé en oratoire. A la même époque, ont été percés les deux murs qui séparaient ce dernier de la chapelle de la prison, dite chapelle des Girondins. Ainsi le monument élevé à la mémoire de la reine se trouve exactement dans l'axe de l'autel. Située à l'emplacement de l'ancien oratoire de Louis VII, la chapelle est un beau volume, à la fois sobre et élégant, de même architecture que le couloir. Une tribune grillagée permettait aux femmes de suivre l'office auquel les hommes assistaient en bas. Dans des vitrines figurent des documents relatifs soit au palais lui-même, soit à l'incarcération de détenus plus ou moins célèbres, ainsi que des objets ayant appartenu à la famille royale. Plusieurs serrures, des clés et une porte de cachot sont également présentées.

Parmi tout ce qui est exposé, trois choses méritent une mention particulière. Tout d'abord, le couperet de guillotine a bien servi, mais sous le second Empire seulement. Ensuite, les petites roues en bois plein appartenaient aux voitures des quatre saisons de l'époque qui étaient quelquefois réquisitionnées lorsque les condamnés étaient trop nombreux. Enfin, l'échelle était utilisée par Robespierre pour rentrer chez lui. En effet, il habitait, rue Saint-Honoré, une chambre qui se trouvait au fond du logement du menuisier Duplay, et cette échelle lui permettait de passer par la fenêtre sans déranger son logeur. La plupart de ces souvenirs sont des dons.

En 1816, l'architecte Peyre transforma complètement le dernier cachot dont seul le sol de briques fut conservé. Tout d'abord, les deux pièces furent totalement séparées et la porte murée ouverte à nouveau. Ensuite, une voûte fut établie sous le plafond de bois et un vitrail bleu et jaune décora la fenêtre. Enfin et surtout, dans l'axe de la chapelle dont le chevet avait été percé, l'architecte éleva une sorte d'autel commémoratif, d'un goût discutable. L'inscription latine qui se trouve en partie haute passe pour avoir été composée par Louis XVIII lui-même. En bas, est gravé un extrait de la dernière lettre de Marie-Antoinette à sa belle-sœur dans lequel la reine demande l'oubli et le pardon. Quant à la cellule de Robespierre, elle fut transformée en sacristie. Dans la chapelle voisine, trois tableaux évoquent le souvenir de la prisonnière : la sortie de la tour du Temple, la captivité à la Conciergerie et la communion dans la prison.

Reconstitution de la cellule de Marie-Antoinette.

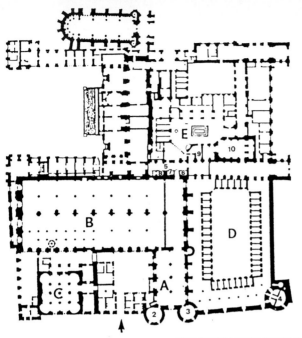

A - Salle des Gardes.
B - Salle des Gens d'Armes.
C - Cuisines.
D - Cour des Hommes.
E - Cour des Femmes.

1 - Tour de l'Horloge.
2 - Tour de César.
3 - Tour d'Argent.
4 - Tour Bonbec.
5 - Couloir des prisonniers.
6 - Greffier.
7 - Concierge.
8 - Salle de la dernière toilette.
9 - Cellule de Marie-Antoinette (reconstitution).
10 - Chapelle des Girondins.

BIBLIOGRAPHIE SOMMAIRE

B. SAUVAN & J.P. SCHMIT. *Histoire et description pittoresque du Palais de Justice de Paris*. 1825

Henri STEIN. *Le Palais de Justice et la Sainte Chapelle de Paris*. 1912

François GEBELIN. *La Sainte Chapelle et la Conciergerie*. 1931

Pierre d'ESPEZEL. *Le Palais de Justice de Paris*. 1938

Jean GUEROUT. *Le Palais de la Cité à Paris des origines à 1417*. 1949

Roger-Armand WEIGERT. *La Conciergerie du Palais*. 1958

Jacques HILLAIRET. *l'Ile de la Cité*. 1970

Jean-Pierre BABELON. *Le Palais de Justice*. 1973

Henri ROBERT. *Le Palais de Justice*. 1927

Crédit photographique

Michel Dillange : pages 2 - 16-17.
Nicolas Fediaevsky : pages 4-5, 19, 28-29.
Hervé Boulé : pages 7, 9, 11, 14, 22, 24, 26 et quatrième de couverture.
CNMHS/SPADEM : page 31.

Première de couverture :
Les **trois tours rondes** du quai de l'Horloge, derniers vestiges du palais de Philippe le Bel.
De gauche à droite, se trouvent la tour de César, la tour d'Argent et la tour Bonbec (photographie Hervé Champollion).
En vignette : l'**horloge du Palais** (photographie Hervé Champollion).

Quatrième de couverture :
Cet élégant **escalier à vis** permettait aux gardes d'accéder directement à la Grand'Salle. Construit au milieu du XIVe siècle, il a été restauré au XIXe siècle.

Cette monographie appartient à la collection des guides-couleur Ouest-France C.N.M.H.S. dirigée, pour ce qui concerne Ouest-France, par Marie-France Alexandre et Lucien Bély.

© 1995 - Édilarge S. A. - Éditions Ouest-France, 35063 Rennes
Caisse Nationale des Monuments Historiques et des Sites, 62 rue Saint-Antoine 75004 Paris
I.S.B.N. 2.7373.1780.0 - Dépôt légal : février 1995 - N° d'éditeur : 3169.01.03.02.95
Imprimerie Raynard, La Guerche-de-Bretagne (35)